일본어 기절초풍

저자 이장우

기초 ①

도서출판 예빈우

머리말

누구나 한번쯤은 외국어공부를 해 보았을 것이다. 그 중에서는, 학습자 본인이 스스로 만족할 만한 수준에 이른 분도 있을 것이고, 도중에 포기했던 분들도 꽤 있을 것이다. 그 이유는 무엇일까?

다양한 이유가 있겠지만, 저자의 입장에서 생각하는 가장 큰 이유는 학습자의 성향이라고 생각한다. 이것은 필자의 입장에서도 어쩔 수가 없는 것이다. 하지만, 외국어에 대한 막연한 두려움이나 교재의 지루함과 형식성 때문에 중도에 포기하는 것은, 전적으로 그 교재를 집필한 사람의 책임이다.

시중에는 수 많은, 지금 이 순간에도 일본어교제가 출판되고 있을 것이다. 그 교재들은 저자나 혹은 저자들이 나름대로의 피와 땀, 끊임없는 연구와 노력으로 저술을 하였을 것이다. 그래서, 그 분들의 노력과 정성을 폄훼할 마음은 추호도 없다. 다만, 여기서 본 저자가 느낀 점이라고 할까, 의문점이 한 개 생겼다. 거의 100퍼센트에 가까운 일본어기초 교재들이 집필방향이 약속이나 한 듯이 똑 같다는 것이다.

그 교재집필 순서라고 하는 것이,
1. 일본어 글자 익히기 2. 인사법 3. 명사 4. 형용동사(な형용사) 5. 형용사(い형용사) 6. 동사 등이다. 물론, 이 순서가, 일본어를 익히기에 가장 좋은 방법이기 때문에, 대부분의 저자가 고수하고 있는 것일지도 모르겠다. 그런데 이것이, 대한민국에서 일본어기초교재의 30년 이상이나 되는 역사(?)라는 것이다. 이상하지 않는가? 세월이 30년 이상이나 지났으면, 충분히 교재의 순서

나 집필방향이 몇 번이나 바뀌어도 되는데, 그대로 유지가 되고 있다는 것은, 참으로 특이한 경우이다.

일전에 미국에서 출판된 일본어교재가 공전의 히트를 친 적이 있다. 그런데, 그 교재는 특별한 편집이나 예쁜 디자인 등이 있는 것은 아니었다. 저자가 그 교재를 보았을 때, 조금 충격을 받았던 것이, 지금까지 봐왔던 기초교재 집필방식이 아니고, 일본어에서 무엇보다 중요한 파트인 동사부터 앞 부분에서 먼저 다루고 있었던 것이었다. 일본어를 배우는 학습자 입장에서는, 시작이 조금 힘들 수도 있겠다고 생각했지만, 의외로 현장에서 가르치는 선생님들에게 물어보았던 바, 학습자들이 충분히 이해하고, 진도에 따라오고 있다는 것이다. 이 때, 저자는 앞으로 출판되는 모든 기초교재는 이런 방식으로 출판될 것이라고 생각했는데, 천만에 말씀. 바로 구석기시대로의 회귀를 하였다. 참으로 아이러니하였다. 아마도, 현장에서 일본어를 가르치는 선생님들이나 교재를 집필하는 저자들이 지금까지 해 왔던 것을 버릴 수가 없었던 모양이다. 이래서야 혁신적인 교재나 혁신적인 교수법이 나올 수가 없을 것이다. 그래서 저자는, 예전에 보았던 교재의 특징을 떠올리면서, 새로운 일본어기초교재를 만들어 보자고 결심을 하였다. 그것이 이번에 출판하게 된 "기절초풍 일본어교재 시리즈" 이다. 정말로 이 교재로 일본어공부를 하면 기절초풍을 할지 어떨지는 전적으로 학습자 여러분이 판단판단에 달려 있다.

저자 이장우

구성 및 사용방법

1. 교재의 구성

이 교재는 본 책, 해설서 및 mp3파일로 구성되어 있다. 본 책은 히라가나, 가타가나, 한자로 이루어져 있으며, 반드시 알아야 할 한자는, 히라가나로 표현하지 않고, 한자로 표기하였다. 그리고 한자로 표기하지 않은 어휘는, 이 과정에서 굳이 알 필요가 없기 때문이다.

이 교재는 일본어를 듣고, 말을 할 수 있도록 구성되어 있다. 따라서 각각의 과정에 나와 있는 문형과 짧은 대화문, 긴 대화문은 반드시 홈페이지에서 mp3파일을 다운받아서 반복해서 듣고, 따라 읽으면 청취와 회화를 같이 공부할 수 있다.

2. 교재의 내용 및 사용방법

(1) 기본문형과 알아야 할 표현
이 단원에서 반드시 알아야 할 문법적인 요소와 어휘를 먼저 나열함으로써, 본 과에서 무엇을 공부할 것인가에 대해서 정확하게 알 수 있다.

(2) 간단한 문장
그 과에서 배우는 기본문형을 간단한 문장을 통해서 익힐 수 있다. 각각의 표현 문형들은 회화적인 요소가 많기 때문에, 어휘, 한자, 문형, 청취(mp3)를 동시에 배울 수가 있다.

(3) 간단한 회화문
각각의 회화문은 두 사람의 대화문으로 구성되어 있어서, 지금까지 배운 것을 어떤 식으로 활용할 수 있는지를 알 수 있다. 이 파트 역시 mp3를 통해서 들을 수 있고, 따라 읽을 수 있기 때문에 일석이조의 효과를 거둘 수 있다.

(4) 연습해 봐요!
지금까지 배운 것을 학습자 스스로가 연습을 할 수 있도록 하여, 복습의 효과를 거둘 수 있도록 하였다. 반복된 학습은 외국어학습의 기본이 된다는 것을 인지하도록 하였으며, 다양한 유형으로 연습할 수 있도록 하였으므로 학습자가 지루하지 않게 공부할 수 있을 것이다.

(5) 작문해 봐요!
단순히 문장이나 표현을 익히는 것만이 아닌, 학습자 스스로가 이 과에서 배운 것을 활용하여, 작문을 함으로서, 읽기·쓰기·듣기·말하기를 동시에 습득할 수 있다

(6) 어휘설명
각각의 파트에 별도로, 한자의 읽기와 어휘를 설명함으로서 학습자가 스스로 내용을 익히고 학습할 수 있도록 하였다. 그리고, 조사나 부사 등도 상세히 설명함으로서 문장의 구성에 대한 이해도를 높일 수 있도록 하였다.

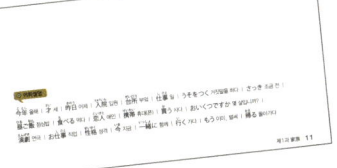

(7) 일러스트
단순히 글로서 공부를 하면, 쉽게 질릴 수가 있다. 따라서 어휘나 상황, 문형에 대해서 적절하게 일러스트를 첨부함으로써, 그림을 통해, 어휘나 문형, 상황을 이해할 수 있도록 하는, 연상법 교재로 만들었다.

(8) 13과 표현연습과 14과 회화연습
1과에서 12과까지 배운 것을 간단한 표현연습 문형 30개를 통해서 복습할 수 있다. 그리고 새로운 어휘를 문형 별, 요소요소에 삽입하여, 단순한 복습이 아닌, 다양한 어휘도 익힐 수 있도록 하였다. 그리고 14과 회화연습에서는, 총 8개의 대화문과 8개의 상황설정을 통해서, 복습과 응용표현을 알 수 있도록 하였다. 13과와 마찬가지로 새로운 어휘도 다양하게 구성함으로써 학습자가 지루하지 않게 공부할 수 있도록 하였다.

학습자 여러분께

1   **어휘를 잘 기억하고, 각 과에 나오는 문형을 반복해서 연습합시다.**

이 교재의 각 과에는 새로운 어휘와 한자가 나옵니다. 우선, 그 어휘와 한자를 잘 기억해 둡시다. 그리고, 문장의 의미와 문형을 본인의 것으로 만들 때까지 연습해 주세요. 특히, 각 과에 나와 있는 문장들은 소리를 내어 연습하는 것이 바람직합니다.

2   **회화의 연습을 충분히 합시다.**

간단한 문장을 익히고 나면 회화문이 나옵니다. 회화문에서는 일상생활에서 사용할 수 있는 다양한 상황을 연출하고 있습니다. 이러한 회화에 익숙하려면 각각의 문장을 반복해서 읽으면 됩니다. 그리고 mp3를 통해서, 들으면서 읽으면 더욱 효과가 좋습니다.

3   **mp3를 몇 번이라도 반복해서 들읍시다.**

간단한 문장이나 대화문을 연습할 때는 바른 발음이나 억양이 중요합니다. mp3로 녹음되어 있는 일본인의 발음을 들으면서 실제로, 따라 읽으면서 연습해 봅시다. 그리고, 일본어발음이나 스피드에 익숙해지고, 내용을 알아들을 수 있는 힘을 키우기 위해서도, mp3를 몇 번이라도 반복해서 듣도록 합시다.

4   **반드시 복습을 합시다.**

교재에서 배운 것을 잊지 않도록 하기 위해서도, 반드시 그 날 배운 것은, 그 날에 복습을 하도록 합시다. 마지막으로 "작문해 봐요!"를 통해서 배운 것을 확인하도록 하고, 틀린 것은 반드시 정확하게 알 때까지 복습해 주시기 바랍니다.

목차

제1과	あいうえお	9
제2과	がぎぐげご	19
제3과	간단한 동사 익히기	33
제4과	동사 ます형	39
제5과	동사의 활용	45
제6과	おはようございます	59
제7과	な형용사	67
제8과	い형용사	75
제9과	요일 및 시제	83
제10과	시간과 날짜	91
제11과	こそあど	95
제12과	숫자	105
제13과	표현 연습	117
제14과	회화 연습	123

제 **1** 과

あいうえお

1. あ～さ행

あ	い	う	え	お
A	I	U	E	O
あ	い	う	え	お

か	き	く	け	こ
KA	KI	KU	KE	KO
か	き	く	け	こ

さ	し	す	せ	そ
SA	SI	SU	SE	SO
さ	し	す	せ	そ

👑 그림을 통해서 단어와 ひらがな 익히기

あし 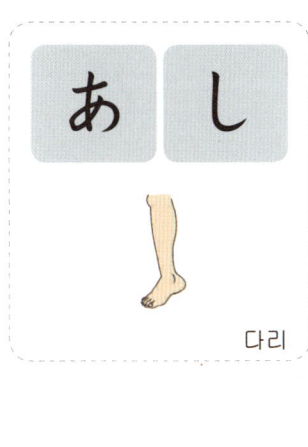 다리

いけ  연못

うし  소

えき  역

かお  얼굴

くさ  풀

こい  잉어

すし  초밥

2. た〜は행

た	ち	つ	て	と
TA	chi	tsu	te	to
た	ち	つ	て	と

な	に	ぬ	ね	の
Na	Ni	nu	ne	no
な	に	ぬ	ね	の

は	ひ	ふ	へ	ほ
Ha	Hi	hu	he	ho
は	ひ	ふ	へ	ほ

♛ 그림을 통해서 단어와 ひらがな 익히기

| た | な |

선반

| ち | か | て | つ |

지하철

| と | け | い |
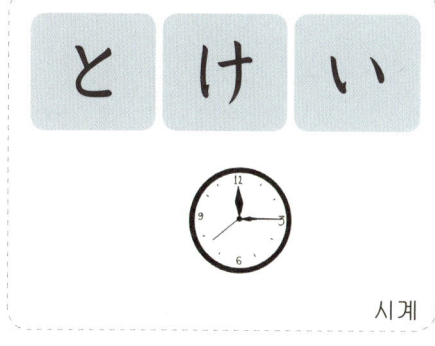
시계

| な | な |

숫자 7

| か | に |

게

| ね | こ |

고양이

| は | ち |
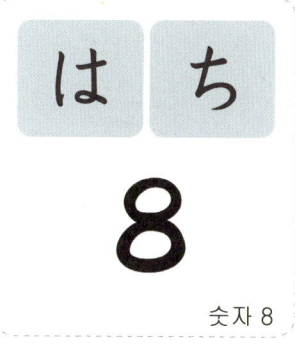
숫자 8

| ふ | た |
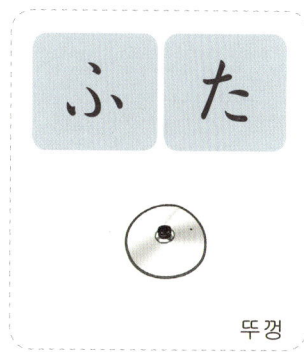
뚜껑

3. ま〜ら행

ま	み	む	め	も
Ma	Mi	mu	me	mo
ま	み	む	め	も

や		ゆ		よ
Ya		yu		yo
や		ゆ		よ

ら	り	る	れ	ろ
Ra	Ri	ru	re	ro
ら	り	る	れ	ろ

♛ 그림을 통해서 단어와 ひらがな 익히기

콩

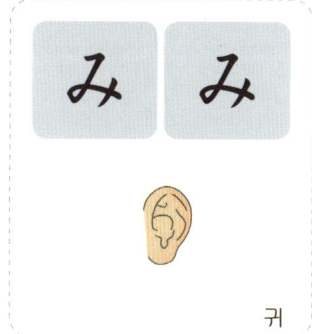
귀

가슴

떡

산

눈

개미

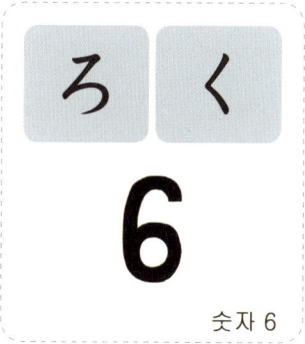
숫자 6

4. わ・を・ん

わ	を	ん
Wa	wo	n
わ	を	ん

♛ 그림을 통해서 단어와 ひらがな 익히기

わ	た	し

나

わ	に

악어

わ	し	つ

일본식 방

ほ	ん

책

연습해 봐요!

1. 순서에 맞게 공란에 「ひらがな」를 써 주세요.

あ		い		お
か	き			
	し		せ	
た				と
	に			
		ふ		
ま				め
		ゆ		
	り		れ	
わ				
ん				

2. 그림에 맞는 단어를 공란에 써 주세요.

(1) 개미

(2) 악어

(3) 콩

(4) 지하철

(5) 역

(6) 숫자 8

제**2**과

がぎぐげご

1. 탁음/반탁음

が	ぎ	ぐ	げ	ご
Ga	Gi	gu	ge	go
が	ぎ	ぐ	げ	お

ざ	じ	ず	ぜ	ぞ
Za	Zi	zu	ze	zo
ざ	じ	ず	ぜ	ぞ

だ	ぢ	づ	で	ど
Da	Zi	zu	de	do
だ	ぢ	づ	で	ど

ば	び	ぶ	べ	ぼ
ba	Bi	bu	be	bo
ば	び	ぶ	べ	ぼ

ぱ	ぴ	ぷ	ぺ	ぽ
pa	Pi	pu	pe	po
ぱ	ぴ	ぷ	ぺ	ぽ

👑 그림을 통해서 단어와 ひらがな 익히기

かご — 바구니
おにぎり — 주먹밥
ひげ — 수염
かぞく — 가족
かじ — 가사
そば — 소바(모밀 국수)
はなび — 불꽃 놀이
てんぷら — 튀김

2. 요음

きゃ	きゅ	きょ	しゃ	しゅ	しょ
kya	kyu	kyo	sya	syu	syo
きゃ	きゅ	きょ	しゃ	しゅ	しょ

ちゃ	ちゅ	ちょ	にゃ	にゅ	にょ
cha	chu	cho	nya	nyu	nyo
ちゃ	ちゅ	ちょ	にゃ	にゅ	にょ

ひゃ	ひゅ	ひょ	みゃ	みゅ	みょ
hya	hyu	hyo	mya	myu	myo
ひゃ	ひゅ	ひょ	みゃ	みゅ	みょ

りゃ	りゅ	りょ
rya	ryu	ryo
りゃ	りゅ	りょ

ぎゃ	ぎゅ	ぎょ
gya	gyu	gyo
ぎゃ	ぎゅ	ぎょ

じゃ	じゅ	じょ
zya(ja)	zyu(ju)	zyo(jo)
じゃ	じゅ	じょ

びゃ	びゅ	びょ
bya	byu	byo
びゃ	びゅ	びょ

ぴゃ	ぴゅ	ぴょ
pya	pyu	pyo
ぴゃ	ぴゅ	ぴょ

♛ 그림을 통해서 단어와 ひらがな 익히기

| い | しゃ |

의사

| か | しゅ |

가수

| しゅ | る | い |

종류

| お | も | ちゃ |

장난감

| りょ | こ | う |

여행

| じ | ん | じゃ |

신사

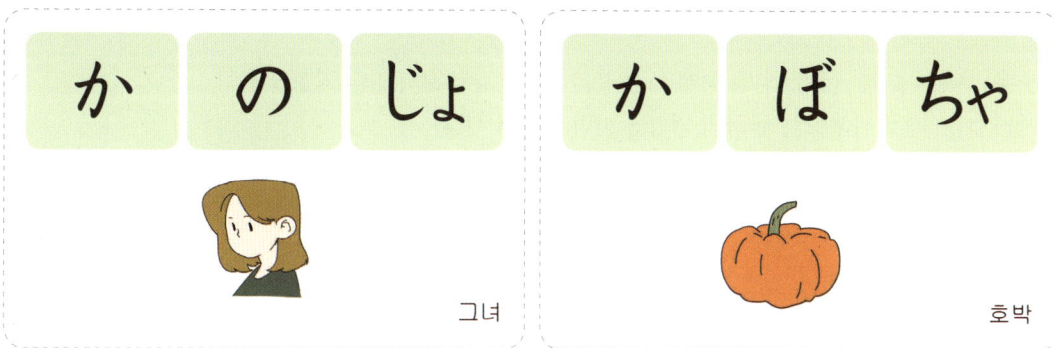

かのじょ 그녀

かぼちゃ 호박

3. 촉음

[か행・さ행・た행・ぱ행] 앞에 작게 쓰는 촉음 [っ]는 우리말의 받침 역할을 한다.
촉음 [っ]는 바로 뒤에 오는 글자의 영향을 받아 발음을 한다.

1. か행 앞에서는 [k] 로 발음한다.
   예 がっこう

2. さ행 앞에서는 [s] 로 발음한다.
   예 いっしょ

3. た행 앞에서는 [t] 로 발음한다.
   예 きって

4. ぱ행 앞에서는 [p] 로 발음한다.
   예 きっぷ

♛ 그림을 통해서 단어와 ひらがな 익히기

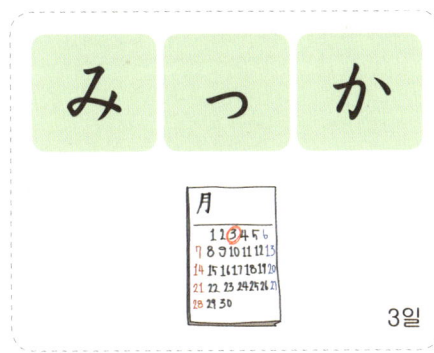
3일

작가

잡지

커피숍

모레

꼬리

4. 장음

길게 내는 소리로서 다음과 같은 법칙이 있다.

1 あ단+あ
   예 おばあさん

2 い단+い
   예 ちいさい

3 う단+う
   예 やきゅう

4 え단+え/え단+い
   예 おねえさん・せんせい

5 お단+お/お단+う
   예 おおい・きのう

♔ 그림을 통해서 단어와 ひらがな 익히기

어머니

| う | つ | く | し | い |

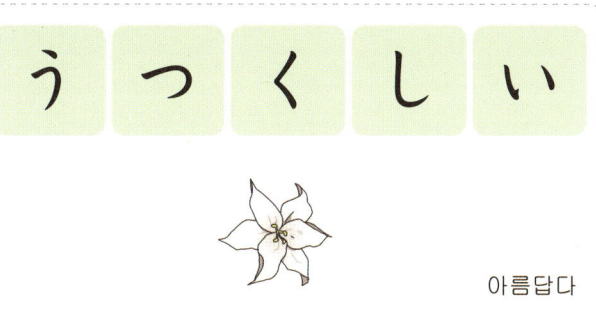

아름답다

| ち | きゅ | う |

지구

| ゆ | う | び | ん | きょ | く |

우체국

| け | い | さ | つ |

경찰

| こ | お | り |

얼음

| と | う | ふ |

두부

| べ | ん | きょ | う |

공부

연습해 봐요!

1. 순서에 맞게 공란에 「ひらがな」를 써 주세요.

が				ご
	じ	ず		
だ				ど
ば			べ	
		きゅ		
		しゅ		
		にゅ		
		ひゅ		
		みゅ		
		りゅ		

2. 그림에 맞는 단어를 공란에 써 주세요.

(1) 가수

(2) 꼬리

(3) 잡지

(4) 야구

(5) 경찰

(6) 얼음

제3과

간단한 동사 익히기

동사와 의미 (2그룹 동사)

동사	의미
起きる	일어나다
見る	보다
着る	옷을 입다
食べる	먹다
忘れる	잊다
見える	보이다

동사를 활용한 간단한 문장

1 起きる
① 朝、6時に起きる。
② 事故が起きる。

2 見る
① 映画を見る。
② 夜景を見る。

3 着る
① 背広を着る。
② 服を着る。

4 食べる
① ご飯を食べる。
② 果物を食べる。

5 忘れる
① 名前を忘れる。
② 財布を忘れる。

6 見える
① 空港が見える。
② 船が見える。

어휘설명

朝 아침 | ~時 ~시 | ~に ~에 | 事故 사고 | ~が ~이, ~가 | 映画 영화 | ~を ~을, ~를 | 夜景 야경 |
背広 정장 | 服 옷 | ご飯 밥 | 果物 과일 | 名前 이름 | 財布 지갑 | 空港 공항 | 船 배

簡単な会話文

① 杉本：何時に起きる？
　山口：8時に起きるよ。

② 杉本：何をする？
　山口：映画を見るよ。

③ 杉本：長そでを着る？
　山口：ううん、半そで。

④ 杉本：果物を食べる？
　山口：うん、ありがとう。

⑤ 杉本：電話番号は何ですか。
　山口：あ、忘れた！

⑥ 杉本：あ、船が見える。
　山口：本当だ。

어휘설명

何時 몇 시 | 何 무엇 | する 하다 | 長そで 긴 팔 | 半そで 반 팔 | ありがとう 고맙다 |
電話番号 전화번호 | 忘れた 잊다 | 本当 정말, 진짜

연습해 봐요!

1. 단어의 의미에 맞게 한자와, 그 읽기를 써주세요.

의미	한자	읽기
일어나다		
보다		
입다		
먹다		
잊다		
보이다		

2. 그림에 맞는 단어를 공란에 써 주세요.

(1) 반팔

□ □ そ □

(2) 긴 팔

□ □ が □

(3) 전화

□ □ わ □

(4) 과일

□ □ く □ □

(5) 영화

□ □ が □

(6) 정장

□ せ □ □

작문해 봐요!

① 아침에 일어난다.

② 긴 팔을 입는다.

③ 정장을 입는다.

④ 아침밥을 먹는다.

⑤ 이름을 잊었다.

⑥ 지갑이 보인다.

제4과

동사ます형

동사의 활용

동사	의미
~ます	~합니다
~ました	~했습니다
~ません	안 합니다
~ませんでした	~하지 않았습니다
~ましょう	~합시다

동사를 활용한 간단한 문장

❶ 起きる
① 朝、7時に起きます。
② 昨日は9時に起きました。
③ まだ起きません。
④ 事故は起きませんでした。
⑤ 早く起きましょう。

❷ 見る
① 本を見ます。
② 海を見ました。
③ 漫画は見ません。
④ お寺は見ませんでした。
⑤ 神社を見ましょう。

❸ 着る
① シャツを着ます。
② スーツを着ました。
③ 半そでは着ません。
④ 上着は着ませんでした。
⑤ コートを着ましょう。

❹ 食べる
① 朝ご飯を食べます。
② 昼ご飯を食べました。
③ 夕食は食べません。
④ うどんは食べませんでした。
⑤ ラーメンを食べましょう。

❺ 忘れる
① あなたを忘れます。
② かばんを忘れました。
③ 思い出は忘れません。
④ 今回は忘れませんでした。
⑤ 早く忘れましょう。

❻ 見える
① 彼女が見えます。
② 先生が見えました。
③ 何も見えません。
④ 車は見えませんでした。

어휘설명

朝 아침 | 昨日 어제 | 事故 사고 | 早く 빨리 | 本 책 | 海 바다 | 漫画 만화 | お寺 절 | 神社 신사 | シャツ 셔츠 | スーツ 정장 | 半そで 반 팔 | 上着 상의 | コート 코트 | 朝ご飯 아침밥 | 昼ご飯 점심밥 | 夕食 저녁밥 | うどん 우동 | ラーメン 라면 | あなた 당신 | かばん 가방 | 思い出 추억 | 今回 이번 | 彼女 그녀 | 先生 선생님 | 何も 아무것도 | 車 자동차 |

簡単な会話文

① 杉本：早く起きましょう。
　　山口：はい。

② 杉本：映画を見ましょうか。
　　山口：いいですね。

③ 杉本：半そでを着ましょうか。
　　山口：いいえ、長そでを着ます

④ 杉本：夕食を食べませんでした。
　　山口：それでは、今から食べましょう。

⑤ 杉本：スマホは？
　　山口：あ、忘れました！

⑥ 杉本：文字が全然見えません。
　　山口：すみません。

어휘설명

早く 빨리 | 映画 영화 | いいですね 좋군요 | いいえ 아뇨 | それでは 그럼 | 今から 지금부터 | スマホ 스마트폰 | 文字 글자 | 全然 전혀 | すみません 미안합니다

연습해 봐요!

1. 다음 동사의 「ます형」을 ひらがな로, 그리고 동사의 의미를 써주세요.

	ます형	의미
起きる		
見る		
着る		
食べる		
忘れる		
見える		

2. 다음 동사를 의미에 맞게 활용해 주세요.

	起きる		見る
일어납니다		봅니다	
일어났습니다		보았습니다	
안 일어났습니다		안 보입니다	
일어나지 않았습니다		보지 않았습니다	
일어납시다		봅시다	

	着る		忘れる
입습니다		잊습니다	
입었습니다		잊었습니다	
안 입습니다		안 잊습니다	
입지 않았습니다		잊지 않았습니다	
입읍시다		잊읍시다	

작문해 봐요!

1 아침에 일찍 일어납시다.

2 영화를 볼까요?

3 아침에는 정장을 입습니다.

4 저녁밥은 먹지 않았습니다.

5 빨리 잊읍시다.

6 선생님이 안 보입니다

제 5 과

동사의 활용

동사와 의미 (1그룹 동사)

동사	의미
飲む	마시다
運ぶ	운반하다
死ぬ	죽다
書く	쓰다
泳ぐ	수영하다
言う	말하다
立つ	서다
帰る	돌아가다, 돌아오다
話す	말하다

동사와 활용 (1그룹 동사)

동사	활용 및 의미
飲む 마시다	飲まない (안 마신다)
	飲みます (마십니다)
	飲む + 명사
	飲め (마셔라)
	飲もう (마시자)

동사	활용 및 의미
運ぶ 운반하다	運ばない (운반하지 않는다)
	運びます (운반합니다)
	運ぶ + 명사
	運べ (운반해)
	運ぼう (운반하자)

동사	활용 및 의미
死ぬ 죽다	死なない (안 죽는다)
	死にます (죽습니다)
	死ぬ + 명사
	死ね (죽어)
	死のう (죽자)

동사와 활용 (1그룹 동사)

동사	활용 및 의미
書く かく 쓰다	書かない (안 쓰다)
	書きます (씁니다)
	書く＋명사
	書け (써)
	書こう (쓰자)

동사	활용 및 의미
泳ぐ およぐ 수영하다	泳がない (수영하지 않는다)
	泳ぎます (수영합니다)
	泳ぐ＋명사
	泳げ (수영해)
	泳ごう (수영하자)

동사와 활용 (1그룹 동사)

동사	활용 및 의미
言う 말하다	言わない (말하지 않는다)
	言います (말합니다)
	言う＋명사
	言え (말해)
	言おう (말하자)

동사	활용 및 의미
立つ 서다	立たない (서지 않는다)
	立ちます (섭니다)
	立つ＋명사
	立て (서)
	立とう (서자)

동사	활용 및 의미
帰る 돌아가다, 돌아오다	帰らない (돌아가지 않는다)
	帰ります (돌아갑니다)
	帰る＋명사
	帰れ (돌아가)
	帰ろう (돌아가자)

동사와 활용 (1그룹 동사)

동사	활용 및 의미
話す (はな) 말하다	話さない (말하지 않는다)
	話します (말합니다)
	話す＋명사
	話せ (말해)
	話そう (말하자)

동사와 활용 (2그룹 동사)

동사	활용 및 의미
起きる 일어나다	起きない(안 일어나다)
	起きます(일어납니다)
	起きる＋명사
	起きろ(일어나)
	起きよう(일어나자)

동사	활용 및 의미
見る 보다	見ない(안 보다)
	見ます(봅니다)
	見る＋명사
	見ろ(봐)
	見よう(보자)

동사	활용 및 의미
着る 입다	着ない(안 입다)
	着ます(입습니다)
	着る＋명사
	着ろ(입어)
	着よう(입자)

동사와 활용 (2그룹 동사)

동사	활용 및 의미
食^たべる 먹다	食べない(안 먹다)
	食べます(먹습니다)
	食べる＋명사
	食べろ(먹어)
	食べよう(먹자)

동사	활용 및 의미
忘^{わす}れる 잊다	忘れない(안 잊다)
	忘れます(잊습니다)
	忘れる＋명사
	忘れろ(잊어)
	忘れよう(잊자)

동사	활용 및 의미
見^みえる 보이다	見えない(안 보이다)
	見えます(보입니다)
	見える＋명사
	해당 안 됨
	해당 안 됨

동사와 활용 (3그룹 동사)

동사	활용 및 의미
来ます	옵니다
来ました	왔습니다
来ません	안 옵니다
来ませんでした	오지 않았습니다
来しょう	옵시다

동사	활용 및 의미
来る 오다	来ない (안 오다)
	来ます (옵니다)
	来る + 명사
	来い (와)
	来よう (오자)

동사와 활용 (3그룹 동사)

동사	활용 및 의미
します	합니다
しました	했습니다
しません	안 합니다
しませんでした	하지 않았습니다
しましょう	합시다

동사	활용 및 의미
する 하다	しない(안 하다)
	します(합니다)
	する+명사
	しろ・せよ(해라)
	しよう(하자)

동사를 활용한 간단한 문장

❶ 飲む
① 友だちとお酒を飲みました。
② 薬を飲みます。

❷ 運ぶ
① 荷物を運びます。
② みんなで運びましょう。

❸ 死ぬ
① 去年、父が死にました。
② 昨日、犬が死にました。

❹ 言うむ
① 何も言いません。
② 一人で言いました。

❺ 立つ
① 生徒みんな立ちました。
② 立つ人は誰ですか。

❻ 帰る
① もう帰りましょう。
② 1時間前に帰りました。

❼ 話す
① 友だちと話しました。
② 君には話さない。

❽ 来る
① 友だちはもう来ました。
② 9時に来ます。

❾ する
① 一人ではしない。
② 一生懸命しましょう。

어휘설명

友だち 친구 | お酒 술 | 薬を飲む 약을 먹다 | 荷物 짐 | みんなで 다같이 | 去年 작년 | 父 아버지 | 昨日 어제 |
犬 개 | 何も 아무 것도 | 一人で 혼자서 | 生徒 학생 | 人 사람 | 誰 누구 | ~ですか ~입니까 | もう 이미, 벌써 |
一時間前 한 시간 전 | 君 너, 자네 | ~には ~에게는 | 九時 9시 | 一生懸命 열심히

簡単な会話文

① 杉本：お酒でも飲みましょう。
　　 山口：いいですね。

② 杉本：荷物を運びましょうか。
　　 山口：はい、そうしましょう。

③ 杉本：友だちが去年死にました。
　　 山口：そうですか。

④ 杉本：先生は？
　　 山口：もう帰りました。

⑤ 杉本：誰が来ますか。
　　 山口：山田さんです。

⑥ 杉本：毎日1時間は勉強しろ。
　　 山口：はい、分かりました。

어휘설명

~でも ~라도 | そう 그렇게 | 誕(だれ) 누구 | 毎日(まいにち) 매일 | 勉強(べんきょう) 공부 | 分(わ)かる 알다, 이해하다

연습해 봐요!

1. 다음 동사를 의미에 맞게 활용해 주세요.

	帰る		泳ぐ	
안 돌아가다		수영하지 않는다		
돌아갑니다		수영합니다		
돌아가		수영해		
돌아가자		수영하자		

	来る		言う	
안 오다		말하지 않다		
옵니다		말합니다		
와		말해		
오자		말하자		

	飲む		運ぶ	
마시지 않는다		운반하지 않는다		
마십니다		운반합니다		
마셔		운반해		
마시자		운반하자		

	立つ		する	
서지 않는다		하지 않는다		
섭니다		합니다		
서		해		
서자		하자		

제5과 동사의 활용

작문해 봐요!

1 어제 혼자서 짐을 운반했습니다.

2 다같이 공부합시다.

3 빨리 돌아가자!

4 너에게는 말하지 않겠다.

5 내일 오는 사람은 누구입니까?

6 약은 어제 먹었습니다.

제 6과

おはようございます

인사법

시간	일본어
아침인사	おはようございます
점심인사	こんにちは
저녁인사	こんばんは
잠잘 때	おやすみなさい

(외출할 때/귀가할 때)

인사	의미
いってきます	다녀오겠습니다
いってらっしゃい	다녀오세요
ただいま	다녀왔습니다
おかえりなさい	다녀오셨습니까?

(감사할 때/사과할 때/헤어질 때/인사할 때)

인사	의미
ありがとうございます	감사합니다
すみません	미안합니다, 실례합니다
じゃね・またね それじゃまた	그럼 · 그럼 다음에
おげんきですか	안녕하십니까?

(오랜만에 만났을 때/처음 만났을 때/부탁할 때/추천할 때)

인사	의미
おひさしぶりですね	오래간만 이군요
はじめまして	처음 뵙겠습니다
よろしくお願(ねが)いします	잘 부탁합니다
おすすめします	추천하겠습니다

인사를 활용한 간단한 문장

① おはようございます
① 先生、おはようございます。
② 杉本君、おはよう。

② おやすみなさい
① みなさん、おやすみなさい。
② 野口君、おやすみ。

③ ありがとうございます
① 昨日はありがとうございました。
② 長崎君、ありがとう。

④ すみません
① すみません。これ、一つください。
② すみません。これから気をつけます。

⑤ おひさしぶりです
① おひさしぶりですね。どこかへ行きましたか。
② 池田君、ひさしぶり！

⑥ おすすめします
① 焼肉をおすすめします。
② 何をおすすめしますか。

어휘설명

先生(せんせい) 선생님 | 君(くん) 군 | 昨日(きのう) 어제 | これ 이것 | 一つ(ひとつ) 한 개 | これから 앞으로 | 気(き)をつける 주의하다
どこかへ 어딘가에 | 行(い)く 가다 | 焼肉(やきにく) 불고기

簡単な会話文

① 杉本：こんにちは。昼ご飯は食べましたか。
　　山口：はい。さっき食べました。

② 杉本：ありがとうございます。
　　山口：いいえ、どういたしまして。

③ 杉本：いってきます。
　　山口：いってらっしゃい。

④ 杉本：おげんきですか。
　　山口：はい、おかげさまで。

⑤ 杉本：はじめまして。杉本と申します。よろしくお願いします。
　　山口：はじめまして。こちらこそよろしくお願いします。

⑥ 杉本：何をおすすめしますか。
　　山口：しょうゆラーメンです。

어휘설명

どういたしまして 천만예요 | おかげさまで 덕분에 | 申す 「言う－말하다」의 겸양표현 |
こちらこそ 이쪽이야 말로 | しょうゆ 간장

연습해 봐요!

1. 그림에 맞게 일본어 인사법을 써주세요.

아침 ☐ ☐ ☐ ☐ ☐ ☐ ☐ ☐

점심 ☐ ☐ ☐ ☐

저녁 ☐ ☐ ☐ ☐

잠잘 때 ☐ ☐ ☐ ☐ ☐ ☐ ☐

2. 공란에 알맞은 일본어 인사법을 써 주세요.

	일본어		일본어
다녀오겠습니다		감사합니다	
다녀오세요		미안합니다	
다녀왔습니다		처음 뵙겠습니다	
다녀오셨습니까		잘 부탁합니다	
오래간만이군요		추천하겠습니다	

작문해 봐요!

① 안녕하세요? 저녁은 먹었습니까?

② 죄송합니다. 앞으로 주의하겠습니다.

③ 야마다 씨, 오랜만이군요. 안녕하십니까?

④ 오늘은 불고기를 추천하겠습니다.

⑤ 오늘은 감사했습니다.

⑥ 실례합니다. 이것은 무엇입니까?

제 7 과

명사
な형용사

명사 및 형용동사(な형용사)

인칭대명사

인칭대명사	의미
私(わたし・わたくし)	나, 저
僕(ぼく)	나
あなた	당신
お前(まえ)	너
君(きみ)	자네, 너
彼(かれ)	그
彼女(かのじょ)	그녀

직업

명사	의미
学生(がくせい)	학생
先生(せんせい)	선생님
医者(いしゃ)	의사
銀行員(ぎんこういん)	은행원
会社員(かいしゃいん)	회사원
俳優(はいゆう)	배우

형용동사(な형용사)

형용동사・な형용사	의미
有名(ゆうめい)だ	유명하다
親切(しんせつ)だ	친절하다
静(しず)かだ	조용하다
きれいだ	깨끗하다, 예쁘다
にぎやかだ	번화하다
真面目(まじめ)だ	성실하다
立派(りっぱ)だ	훌륭하다
上手(じょうず)だ	능숙하다
下手(へた)だ	서툴다
素敵(すてき)だ	멋지다
丈夫(じょうぶ)だ	튼튼하다
大丈夫(だいじょうぶ)だ	문제없다
好(す)きだ	좋아하다
きらいだ	싫어하다

명사와 형용동사(な형용사)의 활용

명사·형용동사	의미
~だ	~다
~だった	~였다
~です	~입니다
~でした ~だったです	~였습니다
~では(じゃ)ない	~이 아니다
~ではないです ~ではありません	~이 아닙니다
~ではなかった	~이 아니었다
~ではなかったです ~ではありませんでした	~이 아니었습니다
~で	~(이)고, ~여서
형용동사+に	~게(부사화)
명사+の+명사 형용동사+な+명사	

名詞と な形容詞を活用した簡単な文章

❶ 俳優
① 私の友だちは俳優です。
② とても有名な俳優が現れました。

❷ 会社員
① 3人の会社員が寿司屋に入りました。
② 私は会社員ではありません。

❸ 医者
① 病院に医者と看護婦さんがいました。
② 私の兄は眼科の医者です。

❹ 僕
① 僕の夢はパイロットです。
② 僕は左利きです。

❺ 彼女
① 彼女は大学生ではありません。
② 彼女には二人の妹がいます。

❻ 有名だ
① とても有名な自動車です。
② 有名なレストランがなくなりました。

❼ 親切だ
① 部長は親切な方です。
② 親切な店員さんが私たちを迎えました。

❽ にぎやかだ
① この町は昔はにぎやかでした。
② にぎやかなところなので観光客がたくさん来ます。

❾ 素敵だ
① 素敵なハンカチですね。
② 素敵なスーツをデパートで買いました。

❿ 丈夫だ
① この携帯はとても丈夫ですね。
② 最近の若者はあまり丈夫ではありません。

語彙説明

友だち 친구 | とても 매우 | 有名だ 유명하다 | 現れる 나타나다 | 3人 3명 | 寿司屋 초밥집 | 入る 들어가다 |
病院 병원 | 〜と 〜와, 〜과 | 看護婦さん 간호사 | いる 사람이나 동물이 있다 | 兄 형 | 眼科 안과 | 夢 꿈 |
パイロット 파일럿 | 左利き 왼손잡이 | 大学生 대학생 | 二人 두 명 | 妹 여동생 | 自動車 자동차 | なくなる 없어지다 |
部長 부장 | 方 분 | 店員 점원 | 私たち 우리들 | 迎える 맞이하다 | 町 마을 | 昔 옛날 | ところ 장소, 곳 |
名詞(な形容詞)+なので 〜이기 때문에 | 観光客 관광객 | たくさん 많이 | ハンカチ 손수건 | スーツ 정장 |
デパート 백화점 | 〜で 〜에서 | 買う 사다 | 携帯 휴대(폰) | 最近 최근 | 若者 젊은이 | あまり 그다지, 별로

簡単な会話文

❶ 杉本：あなたのお仕事は何ですか。
　　山口：銀行員です。

❷ 杉本：何人兄弟ですか。
　　山口：二人です。弟が一人います。

❸ 杉本：静かな町ですね。
　　山口：そうです。でも、昔はとてもにぎやかなところでした。

❹ 杉本：病気はどうですか。
　　山口：大丈夫です。

❺ 杉本：きれいな花ですね。
　　山口：街角で買いました。

❻ 杉本：日本語が上手ですね。
　　山口：いいえ、そんなことありません。

어휘설명

お仕事 직업 | 何人 몇 사람 | 兄弟 형제 | 弟 남동생 | でも 그러나 |
病気 병 | 花 꽃 | 街角 길모퉁이 | 日本語 일본어

연습해 봐요!

1. 공란에 「명사」를 알맞게 활용해서 써 주세요.

	일본어		일본어
내 가방		선생님이 아니었다	
당신입니까?		의사였다	
네가 아니다		은행원이었습니다	
그가 아니었습니다		회사원이 아니었습니다	
그녀였습니다		배우입니다	
학생이고		남동생이었습니다	

2. 공란에 「な형용사」를 알맞게 활용해서 써 주세요.

	일본어		일본어
유명한 사람		능숙합니다	
친절하지 않다		멋진 야경	
조용했었다		튼튼한 라디오	
깨끗하게		좋아하지 않았다	
번화했습니다		싫어했습니다	
성실하고		훌륭하지 않았습니다	

작문해 봐요!

1 나는 남동생과 여동생이 한 명 있습니다.

2 예쁜 꽃을 샀습니다.

3 저의 가방이 없어졌습니다.

4 그의 친구는 의사가 아니었습니다.

5 멋진 가방을 백화점에서 샀습니다.

6 그는 유명한 사람입니까?

제8과

い형용사

い형용사

い형용사	의미
寒（さむ）い	춥다
暑（あつ）い・熱（あつ）い	덥다, 뜨겁다
遠（とお）い	멀다
近（ちか）い	가깝다
大（おお）きい	크다
小（ちい）さい	작다
多（おお）い	많다
少（すく）ない	적다
いい・よい	좋다
悪（わる）い	나쁘다
おいしい	맛있다
まずい	맛없다
おもしろい	재미있다
つまらない	시시하다
広（ひろ）い	넓다
狭（せま）い	좁다
難（むずか）しい	어렵다
やさしい	쉽다, 상냥하다

 **い형용사**

い형용사	의미
長い	길다
短い	짧다
厚い	두껍다
薄い	얇다, 엷다
高い	비싸다, 높다
安い・低い	싸다, 낮다
太い	굵다
細い	가늘다
深い	깊다
浅い	얕다
重い	무겁다
軽い	가볍다
楽しい	즐겁다
危ない	위험하다
汚い	더럽다
うるさい	시끄럽다
美しい	아름답다
嬉しい	기쁘다

형용사의 활용

형용사	의미
~です	~입니다
~くない	~지 않다
~くないです	~지 않습니다
~かった	~했다
~かったです	~했습니다
~くなかった	~지 않았다
~くなかったです	~지 않았습니다
~くて	~고, ~해서
~く	~게(부사화)
형용사+명사	

※ いい : 좋다
　よくない : 좋지 않다
　よかった : 좋았다
　よくて : 좋아서, 좋고
　よく : 좋게

い형용사를 활용한 간단한 문장

❶ 寒い
① 今日は寒いです。
② 昨日は寒くなかったです。

❷ 近い
① ここからは近いです。
② 駅は近くないです。

❸ 小さい
① 小さいかばんがあります。
② この財布は小さくて便利です。

❹ 多い
① この店にはお客さんが多いです。
② 人々が多かったです。

❺ おもしろい
① 映画はおもしろくなかったです。
② 彼はとてもおもしろい人でした。

❻ 広い
① この部屋は広くて暖かいですね。
② 広い運動場でした。

❼ 長い
① 長い話にうんざりしました。
② 授業時間は長くないです。

❽ 厚い
① 厚い本がありました。
② この辞書はとても厚いですね。

❾ 高い
① 牛肉は豚肉より高いです。
② 飛行機は新幹線より高いです。

❿ 低い
① 山田さんは背が低いです。
② この国には低い山が多いです。

⊕ 어휘설명

今日 오늘 | 昨日 어제 | ～からは ～부터는 | 駅 역 | かばん 가방 | 財布 지갑 | 便利だ 편리하다 | 店 가게 |
お客さん 손님 | 人々 사람들 | 映画 영화 | 部屋 방 | 暖かい 따뜻하다 | 運動場 운동장 | 話 이야기 |
うんざりする 질리다 | 授業 수업 | 時間 시간 | 本 책 | 辞書 사전 | 牛肉 소고기 | 豚肉 돼지고기 | ～より ～보다 |
飛行機 비행기 | 新幹線 신칸센 | 背が低い 키가 작다 | 国 나라 | 山 산

簡単な会話文

① 杉本：今日はとても暑いですね。
　　山口：でも、昨日よりすずしいです。

② 杉本：このネクタイは高いですか。
　　山口：いいえ、そんなに高くないです。

③ 杉本：道路がうるさいですね。
　　山口：今、工事中です。

④ 杉本：危ないから、気をつけましょう。
　　山口：はい、分かりました。

⑤ 杉本：汚い部屋だね。
　　山口：すぐ掃除します。

⑥ 杉本：楽しい旅行でした。
　　山口：それはよかったですね。

어휘설명

すずしい 선선하다, 시원하다 ｜ そんなに 그렇게 ｜ 道路 도로 ｜ 今 지금 ｜ 工事中 공사 중 ｜ 気をつける 주의하다 ｜ 分かる 알다 ｜ すぐ 바로 ｜ 掃除 청소 ｜ 旅行 여행

연습해 봐요!

1. 공란에 형용사와 한자를 써 주세요.

	일본어	한자		일본어	한자
예) 춥다	さむい	寒い	좁다		
덥다			어렵다		
뜨겁다			길다		
멀다			짧다		
가깝다			두껍다		
크다			얇다, 엷다		
작다			비싸다, 높다		
많다			싸다		
적다			낮다		
나쁘다			굵다		
넓다			가늘다		

2. 해석에 맞게 형용사를 활용해 주세요.

	일본어		일본어
예) 깊습니다	深いです	더럽지 않습니다	
얕지 않다		시끄럽게	
무겁지 않습니다		아름답습니다	
가벼웠다		기쁘지 않았습니다	
즐거웠습니다		맛있지 않다	
위험하지 않았다		맛없는 빵	
재미있고		시시했다	
좋았고		좋았다	

작문해 봐요!

1. 아름다운 꽃을 샀습니다.

2. 좁은 방보다 넓은 방을 좋아합니다.

3. 이 가방은 가볍고 편리합니다.

4. 선생님으로부터 좋은 이야기를 들었습니다.

5. 이 휴대폰은 가볍고 쌉니다.

6. 그와 재미있는 영화를 보았습니다.

제9과

요일 및 시제

요일 및 시제

요일

일본어	의미
月曜日 (げつようび)	월요일
火曜日 (かようび)	화요일
水曜日 (すいようび)	수요일
木曜日 (もくようび)	목요일
金曜日 (きんようび)	금요일
土曜日 (どようび)	토요일
日曜日 (にちようび)	일요일

시제(날)

일본어	의미
一昨昨日 (さきおととい)	그끄저께
一昨日 (おととい)	그저께
昨日 (きのう)	어제
今日 (きょう)	오늘
明日 (あした)	내일
あさって	모레
しあさって	글피

요일 및 시제

시제(월)

월(月)	
一月 (いちがつ)	七月 (しちがつ)
二月 (にがつ)	八月 (はちがつ)
三月 (さんがつ)	九月 (くがつ)
四月 (しがつ)	十月 (じゅうがつ)
五月 (ごがつ)	十一月 (じゅういちがつ)
六月 (ろくがつ)	十二月 (じゅうにがつ)

일본어	의미
先々月 (せんせんげつ)	지지난 달
先月 (せんげつ)	지난 달
今月 (こんげつ)	이번 달
来月 (らいげつ)	다음 달
さ来月 (さらいげつ)	다 다음 달

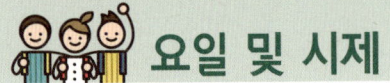
요일 및 시제

시제(년)

일본어	의미
一昨年(おととし)	재작년
去年(きょねん) / 昨年(さくねん)	작년
今年(ことし)	올해
来年(らいねん)	내년
さ来年(らいねん)	내후년

요일 및 시제를 활용한 간단한 문장

❶ 요일과 날
① さきおとといは月曜日です。
② おとといは火曜日です。
③ 昨日は水曜日です。
④ 今日は木曜日です。
⑤ 明日は金曜日です。
⑥ あさっては土曜日です。
⑦ しあさっては日曜日です。

❷ 월·년
① 私の誕生日は今月です。
② 出張は来月です。
③ 卒業式はさ来月です。
④ おととし、父が亡くなりました。
⑤ 去年はとても暑かったです。
⑥ 来年は海外旅行に行きます。

어휘설명

誕生日 생일 | 出張 출장 | 卒業式 졸업식 | 父 아버지 | 亡くなる 돌아가시다 | とても 매우 | 暑い 덥다 |
海外 해외 | 旅行 여행 | 동작성명사+に ~하러

簡単な会話文

① 杉本:今日は何曜日ですか。
　　山口:金曜日です。

② 杉本:週末は何をしますか。
　　山口:野球に行きます。

③ 杉本:何月に祭りがありますか。
　　山口:四月です。

④ 杉本:今月の展示会のテーマは何ですか。
　　山口:日本の昔の伝統です。

⑤ 杉本:いつ韓国に来ましたか。
　　山口:おとといです。

⑥ 杉本:オリンピックはいつですか。
　　山口:さ来年です。

어휘설명

何曜日 무슨 요일 | 週末 주말 | 野球 야구 | 何月 몇 월 | 祭り 축제 |
展示会 전시회 | テーマ 테마 | 昔 옛날 | 伝統 전통 | いつ 언제 | 韓国 한국

연습해 봐요!

1. 시제를 순서에 맞게 써주세요.

	일본어	한자		일본어	한자
월요일			그끄저께		
화요일			그저께		
수요일			어제		
목요일			오늘		
금요일			내일		
토요일			모레		
일요일			글피		

2. 시제를 순서에 맞게 써주세요.

	일본어		일본어
1월		7월	
2월		8월	
3월		9월	
4월		10월	
5월		11월	
6월		12월	

3. 시제를 순서에 맞게 써주세요.

	일본어	한자		일본어	한자
지지난 달			재작년		
지날 달			작년		
이번 달			올해		
다음 달			내년		
다 다음 달			내후년		

작문해 봐요!

1. 토요일과 일요일은 회사에 가지 않습니다.

2. 저의 생일은 8월입니다.

3. 재작년에 학교를 졸업했습니다.

4. 모레 일본출장이 있습니다.

5. 지난 달에 일본어공부를 시작했습니다.

6. 내후년에 여동생과 일본에 갑니다.

제 10 과

시간과 날짜

시간

시간(時)	
一時 (いちじ)	七時 (しちじ)
二時 (にじ)	八時 (はちじ)
三時 (さんじ)	九時 (くじ)
四時 (よじ)	十時 (じゅうじ)
五時 (ごじ)	十一時 (じゅういちじ)
六時 (ろくじ)	十二時 (じゅうにじ)

분

분(分)	
一分 (いっぷん)	六分 (ろっぷん)
二分 (にふん)	七分 (ななふん)
三分 (さんぷん)	八分 / 八分 (はちふん / はっぷん)
四分 (よんぷん)	九分 (きゅうふん)
五分 (ごふん)	十分 / 十分 (じゅっぷん / じっぷん)

시간의 흐름

일본어	의미
午前(ごぜん)	오전
午後(ごご)	오후
明(あ)け方(かた)	새벽 · 동틀 녘
朝(あさ)	아침
昼(ひる)	점심
夕方(ゆうがた)	저녁 · 해질녘
夜(よる)	밤

날짜

날짜(日)			
ついたち	一日	にじゅういちにち	二十一日
ふつか	二日	にじゅうににち	二十二日
みっか	三日	にじゅうさんにち	二十三日
よっか	四日	**にじゅうよっか**	**二十四日**
いつか	五日	にじゅうごにち	二十五日
むいか	六日	じゅうろくにち	十六日
なのか	七日	じゅうしちにち	十七日
ようか	八日	じゅうはちにち	十八日
ここのか	九日	**じゅうくにち**	**十九日**
とおか	十日	**はつか**	**二十日**
じゅういちにち	十一日	にじゅうろくにち	二十六日
じゅうににち	十二日	にじゅうしちにち	二十七日
じゅうさんにち	十三日	にじゅうはちにち	二十八日
じゅうよっか	**十四日**	**にじゅうくにち**	**二十九日**
じゅうごにち	十五日	さんじゅうにち	三十日

시간과 날짜를 활용한 간단한 문장

① 시간
① 会議は３時です。
② 課長は３０分前に着きました。
③ 午前９時から授業が始まります。
④ 昼休みは１２時からです。
⑤ 昨日は夜１０時に帰りました。
⑥ 午後のスケジュールは何もありません。

② 날짜
① 三日前に試験が終わりました。
② 私の誕生日は８月６日です。
③ 今年の祭りは１月１７日からです。
④ １２月は忘年会が多いです。
⑤ 夏休みは８月です。
⑥ 温泉旅行は、２０日はどうですか。

어휘설명

会議(かいぎ) 회의 | 課長(かちょう) 과장 | 前(まえ) 전 | 着く(つく) 도착하다 | 授業(じゅぎょう) 수업 | 始まる(はじまる) 시작되다 | 昼休み(ひるやすみ) 점심시간 | 何も(なにも) 아무 것도 |
試験(しけん) 시험 | 終わる(おわる) 끝나다 | 忘年会(ぼうねんかい) 송년회 | 多い(おおい) 많다 | 夏休み(なつやすみ) 여름방학 | 温泉(おんせん) 온천 | 旅行(りょこう) 여행

簡単な会話文

① 杉本：何時に起きましたか。
山口：朝7時です。

② 杉本：昨日は何時に帰りましたか。
山口：残業が多くて夜１０時に帰りました。

③ 杉本：明日の午前中は何をしますか。
山口：友だちと映画に行きます。

④ 杉本：コンサートはいつですか。
山口：２月5日です。

⑤ 杉本：いつ日本へ来ましたか。
山口：3か月前です。

⑥ 杉本：新年会はいつですか。
山口：１月3日です。

어휘설명

何時 몇 시 | 起きる 일어나다 | 昨日 어제 | 残業 잔업 | 多い 많다
午前中 오전 중 | 友だち 친구 | 映画 영화 | 〜か月前 〜개월 전 | 新年会 신년회

연습해 봐요!

1. 시간을 순서에 맞게 써주세요.

	일본어		일본어
1시		7시	
2시		8시	
3시		9시	
4시		10시	
5시		11시	
6시		12시	

2. 분을 순서에 맞게 써주세요.

	일본어		일본어
1분		6분	
2분		7분	
3분		8분	
4분		9분	
5분		10분	

3. 일을 순서에 맞게 써주세요.

	일본어		일본어
1일		8일	
2일		9일	
3일		10일	
4일		14일	
5일		19일	
6일		20일	
7일		24일	

작문해 봐요!

1 오전 중으로 회사에 가겠습니다.

2 주말에 친구와 야구하러 갑니다.

3 오후 3시부터 회의가 시작됩니다.

4 저녁에 야마다 씨와 함께 만납시다.

5 과장님은 10월에 일본에 갑니다.

6 한국은 8월이 가장 덥습니다.

제**11**과

こそあど

지시어

こ	이	そ	그
これ	이것	それ	그것
ここ	이곳	そこ	그곳
こちら ≒こっち	이쪽	そちら ≒そっち	그쪽
この	이	その	그
こう	이렇게 (부사)	そう	그렇게 (부사)
こんな	이런	そんな	그런
こんなに	이렇게 (감동사)	そんなに	그렇게 (감동사)

あ	저	ど	어
あれ	저것	どれ	어느 것
あそこ	저곳	どこ	어느 곳
あちら ≒あっち	저쪽	どちら ≒どっち	어느 쪽
あの	저	どの	어느
ああ	저렇게 (부사)	どう	어떻게 (부사)
あんな	저런	どんな	어떤
あんなに	저렇게 (감동사)	どんなに	아무리, 얼마나 (감동사)

지시어를 활용한 간단한 문장

❶ こ
① これは花びんです。
② ここは危険な所です。
③ こちらは社長です。
④ この財布は誰のですか。
⑤ こうしますか。
⑥ こんなことははじめてです。
⑦ こんなに安いですか。

❷ そ
① それは誰のカメラですか。
② そこが彼の仕事場です。
③ そちらは遠いです。
④ その方はお客様です。
⑤ はい、分かりました。そうします。
⑥ そんなことはありません。
⑦ そんなに難しいですか。

❸ あ
① あれはいいものですね。
② あそこが病院です。
③ あちらの席へどうぞ。
④ あの人は芸能人です。
⑤ ああ行くのが一番ですね。
⑥ あんな人は大きらいです
⑦ あんなに好きだったのに。

❹ ど
① 私のはどれですか。
② 博物館はどこですか。
③ どちらでもいいです。
④ 担当者はどの人ですか。
⑤ この漢字はどう読みますか
⑥ この漢字はどんな意味ですか。
⑦ どんなに彼が好きですか。

🟢 어휘설명

花びん 꽃병 | 危険だ 위험하다 | 所 장소, 곳 | 社長 사장 | 財布 지갑 | 誰 누구 | はじめて 처음 | 仕事場 직장 |
方 분 | お客様 손님 | 難しい 위험하다 | 病院 병원 | 席 자리 | 芸能人 연예인 | ~の ~것 | 一番 가장 |
大きらいだ 아주 싫어하다 | 好きだ 좋아하다 | 博物館 박물관 | ~でも ~라도 | 担当者 담당자 | 漢字 한자 | 意味 의미

簡単な会話文

1 杉本：このかばんは誰のですか。
　　山口：友だちのです。

2 杉本：試験はどうでしたか。
　　山口：とてもやさしかったです。

3 杉本：ここはとても静かですね。
　　山口：はい、そうです。

4 杉本：これはどうしますか。
　　山口：私が食べます。

5 杉本：山田さんはどんな人ですか。
　　山口：やさしくて親切な方です。

6 杉本：こちらへどうぞ。
　　山口：ありがとうございます。

어휘설명

試験(しけん) 시험 | やさしい 쉽다, 상냥하다 | 静(しず)かだ 조용하다 | 親切(しんせつ)だ 친절하다

연습해 봐요!

1. 다음의 지시어를 일본어로 써주세요.

	일본어		일본어
이것		이곳	
그것		그곳	
저것		저곳	
어느 것		어느 곳	

2. 다음의 지시어를 일본어로 써주세요.

	일본어		일본어
이쪽		이	
그쪽		그	
저쪽		저	
어느 쪽		어느	

3. 다음의 지시어를 일본어로 써주세요.

	일본어		일본어
이렇게(부사)		이런	
그렇게(부사)		그런	
저렇게(부사)		저런	
어떻게(부사)		어떤	
이렇게(감동사)		저렇게(감동사)	
그렇게(감동사)		아무리, 얼마나	

작문해 봐요!

1 이렇게 비싼 지갑은 처음입니다.

2 저것은 친구의 가방이 아닙니다.

3 저는 이렇게 하겠습니다.

4 이쪽은 사쿠라은행의 야마다 씨입니다.

5 어떤 일이 일어났습니까?

6 그렇게 비싼 안경은 안 삽니다.

제12과

숫자

숫자와 단위 및 인원수

개

개수	
ひと 一つ	むっ 六つ
ふた 二つ	なな 七つ
みっ 三つ	やっ 初つ
よっ 四つ	ここの 九つ
いつ 五つ	とお 十

백

百-백	
ひゃく 百	**ろっぴゃく** **六百**
に ひゃく 二百	ななひゃく 七百
さんびゃく **三百**	**はっぴゃく** **八百**
よんひゃく 四百	きゅうひゃく 九百
ご ひゃく 五百	せん 千

숫자와 단위 및 인원수

천

千 – 천	
<ruby>千<rt>せん</rt></ruby>	<ruby>六千<rt>ろっせん</rt></ruby>
<ruby>二千<rt>にせん</rt></ruby>	<ruby>七千<rt>ななせん</rt></ruby>
<ruby>三千<rt>さんぜん</rt></ruby>	<ruby>八千<rt>はっせん</rt></ruby>
<ruby>四千<rt>よんせん</rt></ruby>	<ruby>九千<rt>きゅうせん</rt></ruby>
<ruby>五千<rt>ごせん</rt></ruby>	<ruby>一万<rt>いちまん</rt></ruby>

만

万 – 만	
<ruby>一万<rt>いちまん</rt></ruby>	<ruby>六万<rt>ろくまん</rt></ruby>
<ruby>二万<rt>にまん</rt></ruby>	<ruby>七万<rt>しちまん</rt></ruby>
<ruby>三万<rt>さんまん</rt></ruby>	<ruby>八万<rt>はちまん</rt></ruby>
<ruby>四万<rt>よんまん</rt></ruby>	<ruby>九万<rt>きゅうまん</rt></ruby>
<ruby>五万<rt>ごまん</rt></ruby>	<ruby>十万<rt>じゅうまん</rt></ruby>

숫자와 단위 및 인원수

인원수

人-인원수	
_{ひとり} 一人	_{ろくにん} 六人
_{ふたり} 二人	_{しちにん} 七人
_{さんにん} 三人	_{はちにん} 八人
_{よにん} 四人	_{きゅうにん} 九人
_{ごにん} 五人	_{じゅうにん} 十人

층

階_{かい}-층	
_{いっかい} 一階	**_{ろっかい} 六階**
_{にかい} 二階	_{ななかい} 七階
_{さんがい} 三階	**_{はっかい} 八階 / _{はちかい} 八階**
_{よんかい} 四階	_{きゅうかい} 九階
_{ごかい} 五階	_{じっかい} 十階 / _{じゅっかい} 十階

숫자와 단위 및 인원수

장

枚–장	
一枚 (いちまい)	六枚 (ろくまい)
二枚 (にまい)	七枚 (しちまい)
三枚 (さんまい)	八枚 (はちまい)
四枚 (よんまい)	九枚 (きゅうまい)
五枚 (ごまい)	十枚 (じゅうまい)

대

台–대	
一台 (いちだい)	六台 (ろくだい)
二台 (にだい)	七台 (しちだい)
三台 (さんだい)	八台 (はちだい)
四台 (よんだい)	九台 (きゅうだい)
五台 (ごだい)	十台 (じゅうだい)

숫자와 단위 및 인원수

자루

本—자루 ほん	
一本 いっぽん	六本 ろっぽん
二本 にほん	七本 ななほん
三本 さんぼん	八本 はっぽん
四本 よんほん	九本 きゅうほん
五本 ごほん	十本 / 十本 じゅっぽん じっぽん

잔

杯—잔 はい	
一杯 いっぱい	六杯 ろっぱい
二杯 にはい	七杯 ななはい
三杯 さんばい	八杯 はっぱい
四杯 よんはい	九杯 きゅうはい
五杯 ごはい	十杯 / 十杯 じゅっぱい じっぱい

시간과 날짜를 활용한 간단한 문장

❶ 숫자
① このめがねは３千３百円です。
② シャツは２千５百円で、ズボンは千２百円です。
③ 新幹線は往復１万５千円です。
④ 定食セットは６百５０円です。

❷ 인원수
① 一人あたり２千円です。
② お客様は全部で６人です。
③ 一人で来ました。
④ 二人で行きましょう。

❸ 단위
① 傘は１本１５０円です。
② おもちゃ売り場は３階にあります。
③ 映画のチケットが２枚あります。
④ 自転車が３台あります。

어휘설명

めがね 안경 | 新幹線(しんかんせん) 신칸센 | 往復(おうふく) 왕복 | 定食セット(ていしょく) 정식세트 | ～あたり ~당 | 全部(ぜんぶ) 전부 | 傘(かさ) 우산 |
おもちゃ 장난감 | 売り場(うば) 매장 | 映画(えいが) 영화 | チケット 티켓 | 自転車(じてんしゃ) 자전거

簡単な会話文

❶ 杉本：これはいくらですか。
　　山口：一つ２百円です。

❷ 杉本：生ビール１杯ください。
　　山口：はい、分かりました。

❸ 杉本：洋服売り場は何階ですか。
　　山口：５階です。

❹ 杉本：葉書２枚ください。
　　山口：はい、８０円です。

❺ 杉本：切手はありますか。
　　山口：はい、１枚２０円です。

❻ 杉本：テレビは何台ありますか。
　　山口：２台あります。

어휘설명

いくら 얼마 ｜ 生ビール 생맥주 ｜ 洋服売り場 옷매장 ｜ 何階 몇 층 ｜ 葉書 엽서 ｜ 切手 우표

연습해 봐요!

1. 다음의 숫자를 일본어로 써주세요.

	일본어		일본어
한 개		여섯 개	
두 개		일곱 개	
세 개		여덟 개	
네 개		아홉 개	
다섯 개		열 개	

	일본어		일본어
100		600	
200		700	
300		800	
400		900	
500		1,000	

	일본어		일본어
1,000		6,000	
2,000		7,000	
3,000		8,000	
4,000		9,000	
5,000		10,000	

	일본어		일본어
10,000		60,000	
20,000		70,000	
30,000		80,000	
40,000		90,000	
50,000		100,000	

제12과 숫자

연습해 봐요!

2. 다음의 단위를 일본어로 써주세요.

	일본어		일본어
한 명		여섯 명	
두 명		일곱 명	
세 명		여덟 명	
네 명		아홉 명	
다섯 명		열 명	

	일본어		일본어
1층		6층	
2층		7층	
3층		8층	
4층		9층	
5층		10층	

	일본어		일본어
1장		6장	
2장		7장	
3장		8장	
4장		9장	
5장		10장	

	일본어		일본어
1대		6대	
2대		7대	
3대		8대	
4대		9대	
5대		10대	

연습해 봐요!

	일본어		일본어
1자루		6자루	
2자루		7자루	
3자루		8자루	
4자루		9자루	
5자루		10자루	

	일본어		일본어
1잔		6잔	
2잔		7잔	
3잔		8잔	
4잔		9잔	
5잔		10잔	

작문해 봐요!

① 볼펜은 한 자루 70엔입니다.

② 이 자동차는 한 대 얼마입니까?

③ 바나나 한 개 주세요.

④ 우표를 석 장 샀습니다.

⑤ 사과 5개 주세요.

⑥ 텔레비전은 한 대 10만 5천 엔입니다.

제13과

표현연습

문장을 통한 회화연습

① 私の会社はここから遠いです。

② あなたの名前は何ですか。

③ 銀行は9時から4時までです。

④ いつ日本へ行きますか。

⑤ 私もそう思います。

⑥ これはあなたのめがねですか。

⑦ 山田さんもアメリカへ行くと思います。

⑧ 教室の中には誰もいません。

⑨ つくえの上に鉛筆があります。

⑩ 私たちは図書館で勉強します。

문장을 통한 회화연습

⑪ こちらこそどうぞよろしくお願いします。

⑫ このケータイはあなたのですか。

⑬ これは私のでも山田さんのでもありません。

⑭ 明日は休みではありません。

⑮ 何時に出発しますか。

⑯ 韓国の車は左ハンドルですが、日本の車は右ハンドルです。

⑰ どこも同じです。

⑱ 昨日は寒かったんですが、今日は暖かいです。

⑲ そうですか。私もうるさいところより静かなところの方がいいです。

⑳ あなたは水泳が好きですか、バスケットボールが好きですか。

문장을 통한 회화연습

㉑ テレビは買いましたが、洗濯機は買いませんでした。

㉒ ８月６日が誕生日でしたが、プレゼントはもらいませんでした。

㉓ 教室の中には誰もいません。

㉔ 去年、大学を卒業しました。そして、今年、会社に入りました。

㉕ 列車の到着時間は９時４０分です。

㉖ すべての授業は終わりました。

㉗ ちょっと休みましょう。お茶でも入れましょうか。

㉘ いつも夜１０時にお風呂に入ります。

㉙ さっきご飯を食べました。でも、またお腹がぺこぺこです

㉚ みんなで大阪へ旅行に行きました。

문장을 통한 회화연습

어휘설명

会社(かいしゃ) 회사 | ～から ~부터 | 遠い(とおい) 멀다 | 名前(なまえ) 이름 | 銀行(ぎんこう) 은행 | ～から…まで ~부터…까지 | いつ 언제 |
そう 그렇게 | ～と ~라고 | 思う(おもう) 생각하다 | 教室(きょうしつ) 교실 | 中(なか) 안 | 誰(だれ)も 아무도 | つくえ 책상 | 上(うえ) 위 | 鉛筆(えんぴつ) 연필 |
図書館(としょかん) 도서관 | 勉強(べんきょう) 공부 | こちらこそ 이쪽이야 말로 | ケータイ 휴대폰 | ～でもありません ~도 아닙니다 |
明日(あした) 내일 | 休み(やすみ) 휴가, 쉼 | 出発(しゅっぱつ) 출발 | 韓国(かんこく) 한국 | 車(くるま) 자동차 | 左(ひだり) 왼쪽 | ハンドル 핸들 | 右(みぎ) 오른쪽 |
同(おな)じ 같음 | 昨日(きのう) 어제 | 寒(さむ)い 춥다 | ～が ~만 | 今日(きょう) 오늘 | 暖(あたた)かい 따뜻하다 | うるさい 시끄럽다 |
ところ 장소, 곳 | ～より ~보다 | 静(しず)かだ 조용하다 | 方(ほう) 쪽 | 水泳(すいえい) 수영 | 好(す)きだ 좋아하다 |
バスケットボール 농구 | 買(か)う 사다 | 洗濯機(せんたくき) 세탁기 | 誕生日(たんじょうび) 생일 | プレゼント 선물 | 去年(きょねん) 작년 | 大学(だいがく) 대학 |
卒業(そつぎょう) 졸업 | 今年(ことし) 올해 | 会社(かいしゃ) 회사 | 入(はい)る 들어가다 | 列車(れっしゃ) 열차 | 到着(とうちゃく) 도착 | 時間(じかん) 시간 | すべての+명사 모든~ |
授業(じゅぎょう) 수업 | 終(お)わる 끝나다 | ちょっと 잠시 | 休(やす)む 쉬다 | お茶(ちゃ)を入(い)れる 차를 끓이다 | ～でも ~라도 |
いつも 항상 | 夜(よる) 밤 | お風呂(ふろ)に入(はい)る 목욕하다 | さっき 조금 전 | ご飯(はん) 밥 | 食(た)べる 먹다 | でも 하지만 | また 또 |
お腹(なか) 배 | ぺこぺこ 배가 고픈 모양 | みんなで 다 같이 | 大阪(おおさか) 오사카 | 旅行(りょこう) 여행

작문해 봐요!

1 이쪽은 저희 회사의 부장님입니다.

2 맛있는 빵이네요. 누가 만들었습니까?

3 어제는 매우 바빴습니다.

4 오늘밤 파티에 갑니까?

5 좀 큰 시계를 3천 엔에 샀습니다.

6 남동생이 혼자서 오사카에 갔습니다.

7 예쁜 사진이네요. 어디서 찍었습니까?

8 언제 일본에 왔습니까?

9 한국에서 무엇을 공부합니까?

10 다음 달 8월 6일에 무엇을 합니까?

회화연습

簡単な会話文

1. キム：この男の子は誰ですか。
   いけだ：姉の子供です。
   キム：かわいいですね。お姉さんは子供が一人ですか。
   いけだ：いいえ、女の子も一人います。
   キム：妹さんですか。
   いけだ：はい、そうです。
   キム：子供たちはおいくつですか。
   いけだ：男の子は５才で、女の子は３才です。
   キム：まだ小さいですね。
   いけだ：それで大変です。

어휘설명

男の子 남자아이 | 姉 나의 누나·언니 | 子供 아이, 자식 | かわいい 귀엽다 | お姉さん 다른 사람의 누나·언니 | 一人 한 명 | 女の子 여자아이 | 妹さん 다른 사람의 여동생 | おいくつ 몇 살 | 才 세, 살 | まだ 아직 | 小さい 작다, 어리다 | それで 그래서 | 大変だ 힘들다

簡単な会話文

❷ のむら：マイケルさん、お国はどこですか。
マイケル：アメリカです。のむらさんは英語ができますか。
のむら：少しはできますが、得意ではありません。
マイケル：そうですか。私も日本語は少ししかできません。
のむら：日本語はいつ覚えましたか。
マイケル：高校の時です。第二外国語が日本語でした。
のむら：そうですか。難しいところはありませんか。
マイケル：漢字を覚えるのがちょっと大変です。

어휘설명

お国 나라, 고향 | 英語 영어 | ～ができる ～을 할 수 있다 | 少し 조금 | 得意だ 잘하다 | 日本語 일본어 | ～しか ～밖에 | 覚える 익히다, 기억하다 | 高校 고등학교 | 時 때 | 第二外国語 제2 외국어 | 難しい 어렵다 | 漢字 한자 | 大変だ 힘들다

簡単な会話文

❸ の だ：スザンさんは、いつも朝ごはんを食べますか。
スザン：食べますが、忙しい時はちょっと。
の だ：そうですか。何をよく食べますか。
スザン：パンとジュースをよく食べます。
の だ：私は牛乳だけ飲みます。たまにはたまごといっしょに食べる時もあります。
スザン：会社で昼ご飯を食べますか。
の だ：仲間たちは会社の外で食べますが、私は弁当です。
スザン：弁当ですか。体にいいと思います。

어휘설명

いつも 항상 ｜ 朝ごはん 아침밥 ｜ 食べる 먹다 ｜ 忙しい 바쁘다 ｜ 時 때 ｜ ちょっと 좀 ｜ 何 무엇 ｜
牛乳 우유 ｜ だけ 뿐, 만 ｜ 飲む 마시다 ｜ たまには 가끔 ｜ たまご 달걀 ｜ いっしょに 함께 ｜
会社 회사 ｜ 昼ご飯 점심밥 ｜ 仲間 동료 ｜ 外 밖 ｜ 弁当 도시락 ｜ 体 몸

簡単な会話文

❹ ホ　　セ：すみません。サクラ郵便局はどこにありますか。
　ふじもと：東京デパートの右側です。
　ホ　　セ：ちょっと遠いですね。ありがとうございます。
　ふじもと：いいえ、どういたしまして。
　ホ　　セ：あのう、バスでどのくらいかかりますか。
　ふじもと：そうですね。１５分くらいでしょう。
　ホ　　セ：そうですか。すみませんが、バス停はどこにありますか。
　ふじもと：花屋のとなりです。

● 어휘설명

郵便局(ゆうびんきょく) 우체국 | 東京(とうきょう) 지명 | 右側(みぎがわ) 우측 | ちょっと 좀 | 遠(とお)い 멀다 | どのくらい 어느 정도 | かかる 걸리다 | バス停(てい) 버스정류장 | 花屋(はなや) 꽃집 | となり 옆, 이웃

簡単な会話文

5 エリ：あべさん、おたんじょうびはいつですか。
　　あべ：2月5日です。エリさんは？
　　エリ：私はクリスマスの前の日です。
　　あべ：それじゃ、あさってですね。パーティーでもやりましょうか。
　　エリ：パーティーですか。その日は急ぎの仕事があります。
　　あべ：そうですか。
　　エリ：でも、クリスマスは何もありません。
　　あべ：じゃ、クリスマスにワインでも飲みましょう。

어휘설명

たんじょうび 생일 ｜ 前(まえ) 전 ｜ 日(ひ) 날 ｜ あさって 모레 ｜ やる 하다 ｜ 急(いそ)ぎ 급함 ｜ 仕事(しごと) 일 ｜ 何(なに)も 아무 것도 ｜ 飲(の)む 마시다

簡単な会話文

❻ お客：すみません。このスカート、ほかの色はありますか。
店員：はい。赤とピンクがあります。
お客：じゃあ、ピンクをください。いくらですか。
店員：２千５百円です。
お客：高いですね。赤はいくらですか。
店員：２千円です。
お客：ふーん、すみません。また来ます。
店員：いいえ。ありがとうございます。

어휘설명

お客(きゃく) 손님 | ほか 다른 | 色(いろ) 색 | 店員(てんいん) 점원 | 赤(あか) 빨강 | ください 주세요 | いくら 얼마 | 千(せん) 천 | 百(ひゃく) 백 | 高(たか)い 비싸다 | また 또

簡単な会話文

❼ キ ム：のぐちさん、昨日何をしましたか。
のぐち：友だちといっしょに新しいレストランへ行きました。
キ ム：そうですか。楽しかったんでしょう。
のぐち：はい。ひさしぶりにおいしいものをたくさん食べました。
キ ム：お酒も飲みましたか。
のぐち：私はビールをいっぱい飲みましたが、友だちは飲みませんでした。
キ ム：それはどうしてですか。
のぐち：運転するからです。

어휘설명

昨日(きのう) 어제 | 何(なに) 무엇 | 友だち(とも) 친구 | いっしょに 함께 | 新しい(あたら) 새롭다 | 行く(い) 가다 | 楽しい(たの) 즐겁다 |
ひさしぶりに 오랜만에 | たくさん 많이 | 食べる(た) 먹다 | お酒(さけ) 술 | 飲む(の) 마시다 | いっぱい 한 잔 |
どうして 왜 | 運転(うんてん) 운전 | から 때문에

簡単な会話文

8 エ　ナ：昨日友だち二人と映画を見ました。
　こばやし：どうでしたか。おもしろかったんですか。
　エ　ナ：あまりおもしろくなかったんです。
　こばやし：そうですか。
　エ　ナ：私はアクション映画を見ようとしましたが。
　こばやし：見ませんでしたか。
　エ　ナ：チケットがなかったんです。
　こばやし：そうですか。それは残念ですね。

어휘설명

昨日 어제 | 友だち 친구 | 二人 두 사람 | 映画 영화 | 見る 보다 | おもしろい 재미있다 |
あまり 별로, 그다지 | アクション 액션 | 동사의지형+とする ~하려고 하다 | チケット 티켓 | 残念だ 유감이다

기절초풍 일본어 기초 ❶

초판인쇄_ 2018년 6월 14일
초판발행_ 2018년 6월 20일
저자_ 이장우
펴낸이_ 이장우
펴낸곳_ 도서출판 예빈우
등록일자_ 2014년 1월 17일
등록번호_ 제 398 - 2014 - 000001호
주소_ 경기도 구리시동구릉로129번길24, 103동 801호 (인창동 성원아파트)
전화_ 070-8621-0070   팩스_(051) 558 - 2238
홈페이지_ www.leejangwoo.com (이장우닷컴)
이메일_ jpt900@hanmail.net
ISBN 979-11-86337-25-7 (13730)

Copyright ⓒ 2018 이장우
＊ 이 교재의 내용을 사전 허가없이 전재하거나 복제할 경우 법적인 제재를 받게 됨을 알려 드립니다.
＊ 잘못된 책은 구입하신 서점이나 본사에서 교환해 드립니다.
＊ 정가는 표지에 표시되어 있습니다.